Margot Weinand

Erde das Richtige

Gedichte gereimt und ungereimt

Impressum
erste Auflage
August 2021
Alle Texte sind von Margot Weinand
Herstellung und Verlag: BoD – Books on Demand, Norderstedt

ISBN 9783754331071

Inhalt

Vorwort

Wir freuen uns alle auf eine kleine
Unterbrechung des Alltags.
Gedichte sind eine gute Möglichkeit Pausen
anzunehmen und sie zu gestalten.
Eine gute Idee durch ein Gedicht sich selbst aus
dem Alltag heraus nehmen zu lassen.
Gedichte sind Zusammenfassungen erlebter
Gedanken und Begegnungen aus
Vergangenheit und Gegenwart. Hin und wieder
kommen Gedanken über Zukünftiges zum
Ausdruck.
Ich schreibe Gedichte auch über nachdenkliches
in unserer Zeit, und über Nettigkeiten am Rande.
<Mein Motto: „Gedichte für alle Momente des
Lebens".>
Sie werden beim Lesen mein Motto erkennen.
Ich möchte Sie als Leser teilnehmen lassen an
gereimte und ungereimte Gedanken.
Habe auch Gedichte einzelner Bewohner oder
für einzelne Bewohner beigefügt.
Ihre
Margot Weinand

Ein Smiley für dich

Zähl mein Geld und denk an Lotte,
brauch dringend neu Klamotten.
Die Not ist groß, wer kann helfen
im Zeitalter der kleinen Elfen.
Brauch für Nerven ein Kostüm
es hat Löcher, Luft wird kühl.
Brauch eins mit großen Taschen,
in die ich meine Fäuste mache.

Samthandschuhe brauch ich auch,
sind verschlissen und verbraucht.
Ich mag nicht gern die weißen,
weil diese an der Luft verschleißen.
Sehe ich erst mal einen Fleck
stört es mich, ich werfe sie weg
Was ich brauch sind neue Schuhe,
weil ich oft fremde anziehen tue

Den Gürtel soll ich enger schnallen
damit nicht kommen Intervalle.
Wo bleiben nur geduldet Fäden,
wenn sie gerissen tropfen Tränen.
Ich freue mich, dass es dich gibt,
und dass ich dich immer lieb

Dieser Tag gilt der Ehrung

Dieser Tag er ist der Erinnerung wert
es ist die Gemeinde, die dich heute ehrt.
Beim Abschied vom Amt sind wir gelandet.
Für dich Ursula wird diese Stunde gehandelt.
Vertrauen und Hoffnung das sind Zweige,
die sich im Glauben immer beweisen.

Wichtig bleibt der Auftrag das Ziel
auch für die Reisen, denn derer sind viel
der Beruf der Dir galt war stets gut.
Erlebtest bestimmt auch Ebbe und Flut.
Nimm Dir Zeit beim Lesen und Schreiben
Freunde rede, unterbrich das Schweigen

nichts auf der Welt was in Liebe geschah
war umsonst diese Frucht sie ist wunderbar
Die Stunde heute sie ist der Beginn
Kontakte sind wichtig sie bringen Gewinn
Gott wird dich segnen und was dir gegeben.
Denke dankbar zurück vertrau deinem Glück.

Sparen

Der Staat hat uns zum Sparen verpflichtet
es gibt manches auf das man verzichtet
wir sparen mit Wasser, wir sparen mit Licht
nur mit der Liebe sparen wir nicht.
Sparen im Vorwaschgang der Maschine
essen statt Butter nur Margarine

Heizung ist reduziert um 1 Grad
mit Herzens Wärme wird nicht gespart.
Es kommt uns und der Umwelt zu Gute
wenn wir uns öfters Fußweg zumuten
wenn das jeder könnt hätte es Sinn,
weil es könnte man schafft ein Gewinn

Federwolken

Sehe Sonnentau auf ergrautem Haar
Gold in den Augen in deinem Blick
Tränen wie Perlen deiner Augen
leuchten den Weg zu den Federwolken
auf denen wir ins All reiten

Dahlienzeit

Sassen zusammen die Dahlie und ich
In Form eines Sternballs, zeigte sie sich
sie wuchs heran zur vollen Blüte
leuchtende Farben in bester Güte
in kurzer Zeit hat sie viele erfreut
jetzt ist sie vorbei die Dahlienzeit

Die Liebe entstand

Foto zeigt ihr Tag für Tag
für sie bleibt die Gegenwart
wie einst die Liebe entstand
und ihr Leben dann verband

Durch und durch

Fühle den Wind in meinen Haaren
wie Herzmusik spüre sie ganz nahe
und einiges spürt ich noch mehr
das Schmeicheln die Seele begehrt
ich weiß um alles das stärket mich
bringt im Durcheinander das Licht.

Nachtigall

In Mondesnächten höre ich die Nachtigall
schluchzend gilt ihr Ruf
die Nacht beginnt gehe zur Ruh
strecke mich dann richtig aus
und bin glücklich hier zu Haus.

Adventsfeier der Tagespflege

In der Tagespflege, wir den Auftrag verstehen
immer den Weg der Gemeinschaft zu gehen
Es sieht schier aus, sie platzt aus den Nähten
kaum ist zu schaffen, was immer wir zählten
drum sitzen wir zusammen und spielen
wir achten auf alles weil wir uns mögen

Bleibt bei mir

Der Mond der mich im Dunkeln führt
die Sonne die mein Herz berührt
der Wind der meinen Körper streift
mein Stern der immer bei mir bleibt

Bleibt

Wird er bleiben was er war.
kann er mutig etwas wagen.
Es ist wie es ist, er erwartet sein Glück.

Der Tag

Der Tag geht zu Ende es ist die
richtige Zeit zur Wende
er wartet auf die Nacht,
die Dunkelheit schleicht sacht,
leiser Wind weht langsam still,
es ist so wie die Nacht es will

Starkes ist im Werden

Schneeflocken tanzen in Winde
sehe vorm Fenster die Linde
mein Blick trifft die zarten Knospen
erkenn wie sie dem Winter trotzen
denn Starkes es ist hier im Werden
Sonne am Himmel Wurzel der Erde

Der Mond in der Nacht

Tröstlich, in der Nacht der volle Mond
scheint von seinem geadelten Thron.
Wunderschön die Sterne in ihrer Pracht
wer kennt ihre Bilder, von Gott erdacht.

Oft entdeckt, doch immer neu,
Du der Schöpfer, bleibst Dir ewig treu.
Die eigene Erfahrung bleibt genutzt,
zur ewigen Freude, und bleibendem Schutz.

Glückwunschbrief

Ein Brief für Wünsche des Glücks:
Dass alle Tage des kommenden Jahres
freudige Überraschung darfst erfahren,
staunen, was Schönes die Zeit dir bringt
du darfst erkennen, es hat alles Sinn.

Wir wünschen dir

Ein Beisammensein in froher Runde.
Mit all deinen Lieben Stunde um Stunde,
dass du dein Leben in Freiheit gestaltest
Grenzenlos dankbar mit Freude fürs Alter.

Dein Begleiter, sei stets das Glück.
Verlorene Zeit, sie bleibt immer zurück.
Wünsche, dass du den Blick frei hast,
und die Wolken siehst die der Wind malt
.

Augenblick zur Reise

Augenblicke auf dem Bahnsteig
für mich ein wichtiger Fingerzeig.
Wollte Leuchten auf dem Meer erleben
Sah viele Menschen wollte nicht mehr
die Stille wird fehlen am lauten Meer.
Die Ferne ändert nichts es ist wie es ist
bleibe zu Hause, nicht fort als Tourist.

Freundschaftsbrief

Wünsche uns Beiden eine schöne Zeit.
Das Frühjahr hält Überraschungen bereit.

wenn das Glück auf unserer Seite steht.
und der Frühling sich für uns kräftig regt

Der Wind Blütenblätter in die Luft pustet.
Wodurch uns rosa Träume zugemutet.

Wir feiern immer gerne jedes Fest,
beim schönsten Wetter dann allerbest.

Uns freut es, dass wir uns gerne haben.
Dies auch nutzen unsere Gaben

Im Alter dann unser Herz auch lacht
Weil es uns immer viel Freude macht

Bleib gesund pass auf dich auf
wir bleiben verbunden und bleiben zu Haus

Brief an eine Bewohnerin

wünsche Ihnen für die Zeit des Lebens
hier niemals zählen wird vergebens.
manchmal ist das Leben heiter,
manchmal weiß man nicht mehr weiter
doch gedanklich voller Energie
dass die Frage aber wie.

Sicher sie fühlen sich oft allein
dennoch dürfen sie glücklich sein.
Sie heben die Welt nicht aus den Angeln
und müssen sich dann nach oben hangeln
es gibt hier Menschen, die sie lieben
hin und wieder dürfen sie das spüren

viel Schönes wird ihnen hier gegeben
Freude durch das Gemeinschaftsleben.
Man steigt ein und macht einfach mit
dran zu bleiben das allein ist Schick.
Es wird sich zeigen, offen die Augen
nichts verborgen es lebe der Glaube

Entwicklung im Dienst

Du durftes schon sehr früh erfahren
Bei einer Berufung in vielen Jahre.
Auftrag und Ziel ward immer gesteckt
sich durchzusetzen ward früh geweckt.
manches Mal hatte man sich erschreckt.

Manches Tal war dann zu überwinden
keine Hilfe konnte man dort finden.
Die Leitung hatte auch Maß gefunden
fällig dann die Überstunden in Runden

Der Plan wurde dann vom Kopf gesteuert.
Dein guter Rat wurde dann wieder teuer.
Der Garten ist jetzt schlicht und fein,
weil alles deine Handschrift zeigt.

Auch Fenster bautest Du dann ein
der grüne Blick der musste sein.
Nicht Zufall oder Geist der neuen Zeit
Du bist es, der hier die Spuren zeigt.

Im Glücklichsein

Hier könnte ich glücklich sein
doch die Welt in der ich leb ist klein
Sehnsucht immer nach Gefühlen leben.
Und dennoch wäre es schön gewesen.
Kann die Worte niemals fassen.
Die Gefühle bleiben still, kanns nicht lassen
Mein Herz bleibt stumm, wie eh und je.
Ich bin allein, drum bleibt es stehen.

Bunte Blätter

Graue Wolken, bunte Blätter,
tief verdeckt schlechtes Wetter,
der Sonnenstrahl versucht mit Kraft,
ob er es wohl noch einmal schafft.
Vögel ziehen hin zum Süden,
weil dort alles noch in Blüten
Zeit gewinnen drum geschwind,
schnell der Vogel Abschied nimmt

Leben das liebt

Es sind Träume, die uns tragen
Hoffnung lässt uns Neues wagen
es ist das Leben das uns liebt
und uns Freude Tag-täglich gibt

Regenbogen

Staunst und stehst vor einem Wunder.
Dunkler Himmel spannt ein Bogen,
herrlich von Licht in vielen Farben.

Ein Regenbogen in seiner Pracht
und du vergisst die dunkle Nacht.
Tauchst ins Himmels Wunder ein,
wann wird es wieder so sein?

1. Mose 8,22 solange die Erde steht, soll nicht aufhören
Saat und Ernte, Frost und Hitze, Sommer und Winter
Tag und Nacht.

Meeres Reisen

Ein Gefühl das unbeschreiblich ist
Augenblicke man nie vergisst.
Erlebnisse die das Herz berühren
Und aus dem Alltag es entführen.

Erinnerungen schönster Zeiten
sind die großen Kostbarkeiten
Glücks auf Händen dann zu tragen
immer neue Schritte wagen.

Natur gemalt

Schiefergrau gefärbte Wolken
vom Wind hin gepustet folgten.
Vor hellblauem Himmel alles leer
Wolken malt ein Wellenmeer.

Sonnenstrahlen sie durchbrechen.
Himmelbilder Sprache sprechen.

Schreibe mit Lust

Heute will ich an Dich schreiben,
denn ich muss die Zeit vertreiben.
Liegt sie brach, so nützt sie nichts,
dir zu schreiben heißt nie Pflicht.
Laune macht`s, an dich zu denken,
drum will ich dir Worte schenken.
Will dir schreiben, wie´s mir geht.
Und wie es mit meinen Plänen steht.

Schluss des Basars

Als der Tag sich hatte geneigt,
Suppe und Kaffee am Ende nicht reicht!
Doch in der Kasse da klingelt es hell.
wurde verkauft manches ganz schnell.
Wollen den Basar niemals versäumen
Unser Dank gilt all unseren Freunden.

Erfolgs-Erfüllung

Bei denen Allen ist Einiges los.
Genießen das gewonnenes Los.

Jahre erfüllten sie mit Freude.
Trotz des Eifers nichts vergeudet.

In Vollbesitz eigener Kräfte,
Möglichkeit immer Schätzen,

Das oftmals dann ein neuer Tag,
den Geist doch beschlagnahmt hat.

Aufgaben sie nicht schafften.
Erfüllung leben, Erfüllung lachte.

Enttäuschung nach geraumer Zeit,
nicht mehr viel zur Freude bleibt.

Dieser Plan sich niemals erfüllt,
darum die Laune sich dann enthüllt

Morgenschönheit

Tau auf der Frühlingswiese
Wolken verhängen das Licht
Glasperlen im Wasser bricht
leise und zart weht der Wind
Blumenkelche sind noch zu
Sie bleiben noch in ihrer Ruh
um die Laune sich enthüllt
bis der Tag sich dann erfüllt

Farbenfroh der Herbst

Farbenfroh zeigt sich der Herbst
im Weiher spiegelt hell ein Stern
unterm Schuh kleben bunte Blätter
stürmisch zeigt sich dann das Wetter
Mantelkragen hochgeschlagen
Spaziergang oft mit Unbehagen
freu mich auf die warme Stube
beieinander Mädel und Buben

Herbstfarben

Die Natur schenkt das Erscheinen,
wenn Früchte in Farben sich vereinen.
Der Tag mit Dank und Freude blendet,
und in der Ernte sich vollendet.
Über Stoppeln fällt schwer das Gehen
Kraft aus der Erde in Halmen bestehen

Der weiche Rasen vom Tau bedeckt
glänzender Sonnenstrahl sich streckt.
Herbst schneidend, kalt und rau,
Nebel steigt, raschelnd fällt das Laub
keine Sonnenblume leuchtet mehr
vom Himmel kommt ein Sturm daher

Schneematsch

Knirschender Schnee mich verführt.
Hab das Traumland aufgespürt.
Denn schneeweißer Pulverschnee.
Mit fest gefrorenem Matsch, oh weh.
Somit blieb bei uns die Freude aus
Und wir gingen schnell nach Haus.

Leidenszeit

Lange Zeit im Leid gefangen
wann wie lange weiß es nicht
in mir kam das große Bangen
wollte Heilung wollte Licht
doch nach langer Zeit bestimmen
möcht in Freudentränen schwimmen

Nähe

Nähe sie ist wichtig auch immer richtig
Zeit auszuschöpfen, und aufzuknöpfen
herzlich dann ein Kartengruß
der wichtige Brief ein flüchtiger Kuss
du bist da als spürt ich deine Nähe
dass du in nahe und es geschähe

Erinnerungen

Erinnerung ist ein schönes Wort
Lässt Geist und Herzen fliegen fort
Erinnerungen haben großen Wert
Kind und Jedermann dran zerrt.

Doch Erinnerung will noch mehr
Ist oft ein Helfer, der uns lehrt
Die Zukunft froh und klug zu wahren
Als nur sich freuen an guten Tagen

Erinnerungen werden aufgetischt
Manchmal auch durch ein Gedicht.
Eines das weiß man ganz genau
Lebenserinnerungen machen schlau

Frost besiegt

Glitzernde Perlen am Strauch
Die Sonne stört das nicht
Sie hat den Frost besiegt

Einkauf fürs Fest

In Wintermonaten wird es früh dunkel
Auf dem Parkplatz treu dem Wunsche
Wo ist um diese Zeit ein freier Platz
Auf dem man gut die Sachen packt
Man stürmt den Laden und dabei
Trifft man mal so allerlei

Dann aber stellt man suchend fest
kaum Wünsche für das Weihnachtsfest
was man zu Hause aufgeschrieben
ist auf dem Zettel liegen geblieben
Im Kopf ist nur das Leergut mit
eingetauscht das klappt dann nicht.

Zum Glück ich den Parkplatz fand
Fuhr nach Haus fast gegen die Wand
Meine Nerven hatten auch gelitten
es klappte nichts was war zu kitten
wollte allen Ernsthaft mir was merken
Erst zu Denken und dann zu Werken

Friede und Freude

Friede und Freude uns zu schenken
Für einander freiheitlich denken
Dabei erdverbunden bleiben
Hin und wieder Meinungen teilten
Feste mit und ohne uns zu gestalten
Manches ziemte sich für uns Alten.

Braucht nicht lange so zu bleiben
Wenn frühere Spuren uns das zeigten
galt für uns immer ein liebevolles Herz
Das gerne lacht und gerne scherzt.

Austausch in der Winzerstube

Der süße Wein, Ist rein ins Fass hinein
Ernte geborgen, keine Sorgen drum
sei dir Dank gebracht es reif gemacht
Sonne und Erd nie vergessen werd.

Frühling der es schafft

Frühling hat es wiedermal geschafft.
Man erkannte an der Blütenpracht.
Wir Hatten den Eindruck, er überzeugt
Kein Wandel der Natur sich beugt.
Das Wetter ist auch wieder schön
Zart weht der Wind leicht wie der Föhn
Er brachte die Nässe zum Trocknen
Hoffe Corona Krise dauert nicht lang
Virus stoppt, wenn die Impfung ist dran
halten wir alle gemeinsam fest
Corona wurde besiegt wie die Pest.

Feldeinsamkeit

Ruhe still im grünen Gras
Sende meinen Blick nach oben.
Von Grillen links umschwirrt
Himmelblau wunderbar umwoben
Weiße Wolken, sie ziehen hin
Tiefes blau, wie schöne Träume
Mir ist, als wenn ich neu geboren.
Ziehe selig mit, durch helle Räume

Freundschaft

Kenn ihre Schrift, Post leg ich beiseite.
Lese zuerst ihren Brief.
Zwei bis dreimal lese ich, ehe ich ihre
Post aus der Hand lege.

Es sind Augenblicke der Freude,
fast wie früher, als mein Mann mir
täglich einen Brief schrieb, dessen
Inhalt ich vorher schon kannte.

Dennoch öffnete ich ihn zuerst,
überflog ihn hastig und las ihn dann
noch einmal.

Heute geht es mir so, wenn Gudrun
schreibt, die Gefühle sind zwar anders,
ruhiger aber der Prozess des Lesens
ist der Gleiche.
Gudrun kenne ich vierzig Jahre. Wir
haben uns immer an unserem Leben
teilhaben lassen.

Farbenwelt verändert sich

Kaum, dass der Herbst Einzug hält,
verändert sich die Farbenwelt.
Die Blätter werden gelb und rot,
bevor der starke Herbstwind tobt.
Vorbei die saftigen grünen Wiesen.
wunderschön die Blumen sprießen.
Auch der letzte Sonnenbrand,
der auf dem Rücken sich befand.

Liebe Andrea

Wünsche Dir zu Deinem Fest
von Herzen nur das Allerbest
und außerdem das ist doch klar
ein von Gott gesegnet Neues Jahr
dass Du es Dir auch kannst leisten
Schwierigkeiten leicht zu meistern
wenn gute Erfahrungen Du machst

Es war doch schön

Es war doch schön, zusammen mit dir
Als wir beide das Leben liebten
Du bleibst allein, für kurze Zeit
Musst du für dich verweilen.
Ich wart auf dich wirst schon kommen
dann scheint wieder hell die Sonne
dann sind wieder wir gern zusammen
und es werden keine Schrammen.

Goldige Tage

Wie wird uns dieses Jahr erscheinen
Ob unsere Gedanken Gutes meinen
Lasst und doch zu Freunden werden
Friedlich sein auf der schönen Erde.

Wer den Wein so klug genießt
Und einen hinter die Binde gießt.
Spürt an seinem Herzensschlag
Lebe goldig einen langen Tag.

Im Park

Ein kleiner Hund im Park
stolz sein Gang es war
Dennoch schnuppern suchend
Immer leise doch stets fluchend
was hat ihn denn nur so genervt?
sein Herr hat immer wieder ihn belehrt.

Wolkenbild

Die Wolken ziehen dahin
In mitten meiner blauen Träume
Mir ist, als sei ich fern von hier
Und befände mich in engen Räumen.

Der Sommer geht hin

An solchen kühlen Sommertagen
Meint man es geht dem Ende zu
will die Welt Herbstfarben tragen
Und der Winter Einzug halten.

Momente der Erinnerung

Musik, Gedichte Singen und Lesen
Danke für alles was gewesen.

Das Leben lohnt, Freunde sind rar.
Das Glück es wohnt, der Einsatz da

Es macht Lust zu unnötigen Dingen
möglichst Freunde zu gewinnen

die Zeit erlischt nicht leicht
wenn Ihr sie nutzt und dabeibleibt

Der Weg nach Haus

Menschen die durch den Park gehen
Sind eingehüllt bis zu den Zehen.
Nach Hause führt der Weg schnell
Es bleibt Spannend wenn es noch hell,

Kalte Jahreszeit

Dicke Mäntel schützen vor Frost
Schicke Mützen spenden Trost
Das alte Jahr geht nun zu Ende
Neues Jahr schreibt neue Bände

Der Januar ist kalt und dunkel
März gibt Freude beim Schunkeln.

Guter Rat

Nimm Zeit zum Lesen und Schreiben
mit Freunden reden als Schweigen
nichts was in Liebe einmal geschah
war umsonst, sondern ist wunderbar

die Stunde heute, sie sind der Beginn
Kontakte zu halten bedeuten Gewinn

Hinter dem Busch

Blick auf dem Park, uns gefangen hat.
Bunte Vogelwelt will ihre Lust finden.
Im Sturzflug versuchen sie zu binden
Ein Kreisfangspiel herbei für die Zeit
Mit Freuden sind sie dann alle dabei.

Die Nacht der Nächte

Die Nacht dunkel und schwer
Vom Ufer klatscht das Meer
Kleine Wellen aber bestständig,
in Bewegung von Sturm und Wind
unumgängliche Wachstunden sind
Man lauscht aufmerksam doch,

von weitem scheint ein Sturm
Wellen werden still und stiller
Wolke deckt den Mond jetzt ein.
Die Dunkelheit bricht mit Macht rein.

Wie liegt die Welt

Liegt die Welt, so frisch und traurig
vor mir im Morgensonnenschein
entzückt von hohen Hügeln,
schau ich ins Grüne Tal hinein.

Wird auch mal der Himmel grauer,
wer voll Vertrauen die Welt besieht
den freut es, wenn ein Regenschauer,
ein Sturm und Blitz vorüberziehen

Tag und Hitze

Sommer, es wachsen Tag und Hitze.
von den Auen dränget uns die Glut.
Dort am Wasserfall und Felsensitze,
erquickt ein Trunk, ein Wort das Blut

Donner rollt, es kreuzen sich die Blitze
Höhle wölbt sich auf, zu sichern Hut
Es kracht sehr schnell und schmettern,
Liebe lächelt unter Sturmes Wettern

Wieder Mal

Wieder Mal hat jemand dran gedacht,
was haben wir wieder Mal gemacht.
Jeder hat sein Leben bunt gestaltet,
wie es denn kam, oder auch nicht kam
Jeder sah auf sein eigenes Alter
Wie es auch sei gut oder schlecht.

Würden sich gerne treffen,
wann wäre das recht.
Wir sind ja alle in der Heimat geblieben
könnte es schaffen, wie es belieben.
braucht nicht große Wege zu fahren
Einen Tag wählen,

dann fragen ob alle bejahen
Wir wurden uns alle schon einig
Suchten Verbindungen
glatt und nicht steinig
Wurden uns einig in kurzer Frist
Wir wählen die Nähe wie das so ist.

September, ich liebe ihn

Tage werden zwar kürzer, was solls?
Ich werde bald eine Lampe bekommen
Wach auf in morgentlicher Dunkelheit
Liebe die gewohnte Gemütlichkeit.

Die Sonne geht auf

Nach der Morgendämmerung
Verblasst der Mond, Sonne erwacht
Efeuranke wählt den Lauf an Ästen
Der Herbst macht Platz für Schnee
Der Frühling grüßt die Natur mit Klee

Sonnen Strahl

Der Morgen nebelig und grau
Frost weht wild und ganz genau
Über die Dächer des Dorfes hinweg
Ein durcheinander ohn freien Fleck
Unendlich dehnt sich die weiße Fläche
Bis auf den Hauch von Leben leer

Ob die Hoffnung sich erfüllt

Ob der Himmel die weißen Sterne
Aus den Wolken schüttelt
Und die Natur dann auch so gerne
Winterliche Schattenspiele entwirft.
Der Raureif hat den Blätterschmuck
An den Bäumen jetzt ersetzt

Unter Stiefeln knistert leise der Schnee
Die Luft, sie ist einmalig klar,
wie zu keiner Jahreszeit dieses Jahr

Beim Mittagstisch

Mittagessen unsere Augen gern
Den wunderschönen Park besehen
Tiere rüsten doch zum Winterschlaf
Nester, die sie füllen, die sind nah.

Spurenwand

Tagsüber sehe ich keine Spurenwand
Immer nur im feuchten Sand.
Liebe den Sommer eigentlich mehr,
als das Frühjahr und den Herbst.

Jetzt aber wenn ich frei bin,
und schöne Dinge machen kann.
Beginne ich den Sommer auch
wirklich recht zu lieben.
Und will mich in der Schönheit üben.

Wer bis jetzt alleine ist

Der wird es lange noch bleiben,
will lesen, wachsen und lange Briefe
schreiben.

Schöpfungsbild

In kleinen Momenten wohnt das Glück.
gestern spontan geht heut nicht zurück
Wenn ich Wolkenbilder betrachte,
und dabei meinen Puls beachte.
Spüre den leicht aufkommenden Wind
Denk wie zart Halme reifer Ähren sind.

Bin ich still und staune wie die
Schöpfung bis ins Kleinste durchdacht
Anfang bis Ende hat Gott es gemacht
Alles gelungen ganz leise und sacht.
Menschen zum Bilde Tag und Nacht

Warten auf den Sommer

Wir warten auf den Sommer,
doch es ist kalt und schwül
zum Feierabend da wird es kühl.
Wir warten auf die Sonne,
die früh durch helle Wolken bricht
und später dann mit Strahlen
dann auch die Wärme schickt.

Blätter färben

Tiefe Sonnenstrahlen,
schafften viele bunte Blätterfarben.
einige Vogelarten flogen zum Süden
es war für alle kein Vergnügen.
Als die Sonne tief am Himmel schien
summte man still ein Abendlied.

Getroffen dann von warmen Strahlen
purzelten Blätter auf den Rasen
Uns umhüllte der eigene Atem,
wenn wir auf die Blätter traten.
Staunend stellten wir dann fest
Herbstfarben wählen heißt Allerbest

Freue mich am Sommer

Freue mich an dem Sommer
der Bach plätschert und wirkt klar
die kleinen Wellen suchen
den Weg durch fern und nah

Vielfältig bunt

Bunt überraschend wie die Jahreszeit
schenkt die Natur, sie ist immer bereit.
Um durch Tage und Wochen zu gehen
Dass wir oft vor Verwunderung stehen.
Wie schön ist das alles für uns bereit
große Sache in noch größerer Zeit

Wir wollen mit offenen Augen nutzen
uns zur Freude und ihr zum Schutze
Gott hat alles so herrlich gemacht
ER hat an alle und alles gedacht.

Aus sommerliche Tagen

Ein Blatt aus sommerlichen Tagen
ich nahm es so beim Wandern mit
damit es einst mir würde sagen
wie laut die Nachtigall geschlagen
wie grün der Wald den ich durchschritt

Bisher erschienen

Gedichtbände:
2009 Alles hat seine Zeit
2009 Gelebter Glaube
2010 höre den Frühling
2011 Zeitwert
2019 Unser Sommer
2020 Wünsche mir Zeit
2020 Lebensfreude
2021 Berge verhüllt

Kurzbiographie
2009 Eine Heimleiterin erzählt
        „Von Fall zu Fall"
2018 meine Autobiographie
        „Stöbern im Schatz meiner
        Erinnerrungen"

Vita

1933 in Essen geboren

1939 Einschulung in Essen

1947 Schulpflicht Ende

1947 Soziales Pflichtjahr

1948 Lehre Kaisers Kaffee

1951 Abschluss Kaufmanns Gehilfen-
     Brief.
     Weiterbildung Handelsschule
     Schreibmaschine und Steno.

1958 Selbständigkeit Einzelhandel
     Schreibwaren und Schulbedarf.

1965 Heirat

1970 Berufsbegleitende Weiterbildung

1973 Berufung in die Jugendhilfe
    Nach interner Weiterbildung
    Berufung als Heimleiterin
1999 Ruhestand
    Seit dieser Zeit schreibe ich und
2003 Mitglied im Autorenkreis
    Neukirchen-Vluyn
2012 Witwe.
Meine zwei Kinder sind verheiratet.
Habe drei Enkelkinder.
Seit 2019 wohne ich im Matthias-
Jorissenhaus in Neukirchen-Vluyn